기쁨도 진 것이고
슬픔도 이긴 것이다

기쁨도 긴 것이고
슬픔도 이긴 것이다

발행일   2024년 9월 10일 초판 1쇄
지은이   이재호
발행인   이재성
발행처   도서출판 디

등 록   2011년 11월 14일 (제387-2011-000062호)
주 소   경기도 부천시 원미구 중동로 327, 232-1401
전 화   032-216-7145
팩 스   0505-115-7145
이메일   plus33@empas.com

ISBN   979-11-983541-3-6(03800)

본 도서는 저작권의 보호를 받는 저작물로 무단 전재나 복사, 복제를 금합니다.

기쁨도 낀 것이고
슬픔도 이긴 것이다

이 재 호

디북

머리말

눈으로 들어온 세상
귀에 부딪친 이야기
발로 느낀 감성
쓰고 읽고 말하기를
투박하고 거칠어
어설프고 볼품없어
잊고 지우고 비우며
또 다시 세상을 걷는다

차 례

밤새 내린 눈은 아침에도 희다

1월 14	경칩 51
2월 15	산은 쉽다 52
3월 16	나무가 좋다 54
4월 17	내년 55
5월 18	산우물 56
6월 22	노동 58
7월 23	갈등 59
8월 24	가버린 당신 60
9월 25	현이에게 64
10월 26	당신 65
11월 27	부부가 살다 보면 66
12월 28	같은사람 67
사촌 32	어둠 69
우리들 우리말들 33	독립 70
나에게 34	짝꿍 71
애모 35	잡초 72
고목 36	울면바보 73
상고대 37	건망증 74
파도 39	경쟁 76
목탁 40	파마 77
생일 41	긍정 78
11시 42	가을로 가는 길 79
습관처럼 43	라면 83
감나무 44	착한 밤 84
시련의 시간 45	걸어야지요 85
문화재 관람료 49	Positive 86
아침에 50	한식 87

강물은 도도해서 파도가 없다

히말라야 일출 90	가을에 물들면 다 단풍이지 130
대보름 달빛 91	독도 131
마르디 히말 92	항구 132
홍매화 96	성산 133
화암사에서 97	초록 단풍 134
법성포 98	봄 친구들 136
신들의 산 99	동네 까페 137
장회나루 100	산사의 봄 138
히말라야 101	토왕성 폭포 139
황금들녘 104	공룡 능선 143
히말라야 아침 105	가을의 삼원색 144
까르마 106	꽃잎 145
Himalayas 107	칠월칠석 146
동창회 110	서울 투어 147
장고항 111	여왕 148
아우내 장터 112	홍도 가는 길 150
동문 체육대회 113	갖누리 151
천불동 114	如之何 152
공룡능선의 안개 116	산의 삶 153
그리되기를 118	금요일 154
가을 제국 119	화단 156
초승달 120	틈새 157
꽃봄 121	
여명 125	
산사의 밤 126	
산은 127	
꽃 산행 129	

밤새 내린 눈은 아침에도 희다

1월

설악산 대청봉 독도 호미곶
일출은 축제의 시작
전쟁의 서막
손금이 해지도록 비벼대는 두 손
사악한 운명이 사라지는 것일까
땅 속에서 돌을 캐고
불 속에서 쇳물이 된다
마주 보고 서 있는 동쪽과 서쪽은
하루의 시작과 끝
슬픔은 웃음의 시작
희망은 절망의 끝

2월

2월에는
독수리가 되어 하늘을 날자
땅에는 무엇이 살고 어떻게 사는지 내려다보자
어부가 살고 나무가 살고
바람에 흩날리는 죽은 낙엽들
그마저도 주워가는 이가 있다
도둑이라고 소리치는 사람도 보인다
밤새 내린 눈은 오간데 없고
꽃을 갖고 싶은 나무들의 색색의
기다림·설레임

3월

3월은 봄이 오는 달
목발 짚고 걸어오듯 엉거주춤 어설프게 온다
봄 편 겨울 편 팽팽하다
어제는 종일 비 오늘은 아침부터 눈
스키장 리프트는 겨울 편 골프장 캐디는 봄 편
얼음도 기꺼이 제 몸을 녹이기 시작한다
산이 알고 바람이 안다
3월은 겨울이 가는 달

사월

경칩은 개구리
사월은 꽃
초록은 봄의 문패
바람은 나그네 꽃은 외동딸
부지런한 머슴 비질에 소문이 날아가고
문지방이 닳도록 대청마루에
매파가 드나들면
매화나무 오동똑 두 뺨에
달빛이 붉다

5월

생각이 같은 두 다리
모양도 모습도 방향도 하나
싱그러운 버스의 산뜻한 출발
거침없는 하이웨이 쿠키 같은 하루
들어봐 해탈의 숨소리들
새 생명 껍데기들의 퍼덕이는 외침들
호수의 뿌듯함
나대는 바람에 꼬부라진 햇살
쭉 펴진 능선
달리고 싶은 시간들

6월

멈추지 않는 시련에
아스팔트가 푹푹 패어 나갔다
한복판이 구겨지고 모퉁이가 잘려 나갔다
6월의 강을 건너야 하는 초록의 무리는 푸른 비 녹색
바람 먹구름을 먹고
끝을 모르게 풍성하였다
산이 넘쳤고 바다가 넘쳤고
6월이 넘쳤다

7월

비 바람 아침
모두 새것이라서 좋다
7월이라서 더 싱그럽다
Lucky seven 7을
한 달 내내 달고 살 수 있으니
얼마나 좋은가
눈·코·입·귀
모든 문을 활짝 열고 행운을 맞이하자
두 손으로 공손하게 받자
뜨거워지는 가슴이
7월의 태양이다

8월

더위 먹은 구름
감정의 기복이 극에 달해서
하얀 뭉게구름이 아니면
검은 먹구름이다
극한으로 치닫는 스트레스
비상 탈출구는 소나비 한 줄금
쇠잔등을 가른다
입추가 지척에서 조용히 손을 내민다
인고의 시간이 빠르게 해체되고
처서도 따라온다
초록에 포동포동 살도 올랐다
미션이 끝나간다

9월

더위가 말라가고
물푸레나무 밑동이 시려온다
찜통 속에서 펄펄 끓는 8월의 소리는
생식 성장을 하는 비명
But Over hit!
남극에도 풀이 자란다는데
펭귄은 풀을 씹을 어금니가 있기나 한 건지
놀란 8월이 부랴부랴
식어간다

10월

10월은 립스틱
"아~~" 하니 "름다워"가 나오고
"나무"를 부르니 붉은 이파리가 나온다
아침을 깨우는 붉은 모닝콜
푸른 양말을 신고 나왔는데 발걸음이 붉다
붉게 울리는 벨소리 이어지는 바쁜 말들
스톱워치에 불이 켜진다

11월

창밖에 히말라야가 서 있다
야크도 워낭을 달랑이며 숨가쁘게 달려오고
인간계의 비교 불가식 뚝바도 아른거린다
초목의 한계선을 순하게 넘나들며
여백이 많은 삶을 살고 있었어
높은 곳은 만년설 낮은 곳은 사계절
내가 가진 11월은 먼 산 히말라야

12월

가래산에서 불그머리까지
하지부터 동지
대문은 아침을 맞는 문
담장 위로 어둠이 넘어온다
양철 지붕에 내린 별빛이 고와
문간의 메리도 밤새 시를 읊었다
뒤꼍은 김장 준비에 바쁘고
문고리에 손이 쩍쩍 들러붙으면
태양은 불그머리에서
떠오른다

사촌

참으로 묘하지
생각이 보이고 반은 나와 동일하다
먹고 걷고 말하는 얼굴을 빤히 쳐다보고 있으면
고모가 보이고 이모가 보이고 외삼촌이 보인다
같이 크고 같이 늙고
정겹다
입과 입 사이에
침묵도 없고 말도 없다

우리들 우리말들

물을 보고
이슬 얼음 바다라는 이름을 지어 주었다
돌을 보고
바위 자갈 모래라는 이름을 붙여 주었다
달을 보고
초승달 보름달 낮달이라고 불러 주었다
해를 보고
봄 여름 가을 겨울로 나누어 주었다
꽃을 보고
개나리 진달래 할미꽃이라는 이름을 만들어 주었다
꼴을 보고
노래로 말로 글로 썼고 입으로 부르고 다녔다

바다가 그리운 소나기 재잘대는 참새
묵묵히 서 있는 소나무 가을 메뚜기
떼어 놓고는 갈 수 없는 우리들 우리말들

나에게

산이 좋은가
그렇게도 좋은가
죽을 만큼 좋은가

그럼 가라

지금 당장 떠나라
어디로 가냐고 묻지 마라
세상 모두가 다 산이다

애모

바람이 좋아 새가
되었고
하늘이 좋아 구름이
되었고
나무가 좋아 산이
되었나 보다

나무는 산을 위해
석부작으로 살아가고

바람은 나무가 다칠까
살금살금 거닐고

하늘은 구름을 빚어
비를 내린다

고목

서너 마디 떨어져 나간 사지에
노란 햇살이 앉아 쉬고
아궁이만한 구멍이 뚫린 옆구리에
흰 바람이 들어와 산다
세월을 조각해 놓은 주름에
댕기 머리 총각이 뛰어다니고
풍뎅이 딱새가 드나드는
천 년 왕국에
할아버지가 껄껄 웃고 계신다

상고대

정수리부터 발끝까지
겨울 꽃이 온 몸에서 피었다
참나무 소나무 구상나무에 핀 꽃이 뼈만큼 하얗다
햇살에 수정된 꽃이 물이 되어 떨어지면
고라니가 마른 목을 축이며
먼 봄을 부른다

파도

바다가 꽃을 피운다
하얀 안개꽃이 자욱한다-
파도라 우겨도 그건 분명 하얀 안개꽃이다
바람을 먹고 사는 듯이라서
바람이 거칠면 꽃은 더 우아해진다
와락 끌어안고 고래가 살고 있는
먼 바다로 가고 싶다
수평선에서 희고 파랗게 피고 싶다

목탁

목탁 소리가 법당에서 나왔다
하나는 뒤뜰을 지나 산으로 올라갔고
하나는 마당을 지나 일주문으로 빠져나갔다
나무가 듣고 꽃을 피웠다
사람이 듣고 깨달았다
꽃이 진 나무는 목탁이 되었고
죄업은 목탁을 두드린다

생일

아침·초하루·첫눈
알람·뱃고동·시구
쏜살같이 달려갔다
쏜살같이 지나갔다
쏜살같이 멀어져 갔다
쏜살같이 사라졌다
저기를 지나왔다
돌아다보니 거기였다
아! 아득하였다

11시

마지막으로 불빛이 방을 나간다
귀와 눈도 문을 닫는다
숨소리는 밖과 소통하는 통신선
땅이 꺼지는 소리가 들리고
정신을 잃었다
창문 틈새로 우주가 들어온다
다큐·드라마·스포츠 콘텐츠가 다양하다
호수로 간 달은
뒤따라 온 바람이 잡아갔다
바람이 잠들면 다시 환생하는
마법의 시간이다

습관처럼

산천은 자연의 시계에 따라 바뀌지
사람은 산천의 변화에 늦을라 쫓아다니기 바쁘다
꽃은 초록 초록은 단풍 단풍은 흰 눈
흰 눈이 사라지면 고드름도 떨어지고
산천도 사람도 꽃도 초록도 단풍도 흰 눈도 고드름도
습관처럼 한 살 또 한 살 넘어간다

감나무

감나무에 붉은 물이 들어가는 만큼씩
한 단어가 완성되어 간다
ㄱ 기 가 ㅇ 으 을
가을
사나흘 내린 된내기에 여름은 고꾸라지고
감나무 이파리도 붉게 죽어 나간다
아이들은 홍시를 주워 들고
초승달이 걸터앉아 한 입 베어 문다
툇마루에 앉아 쫓는 척 헛기침하시는 할아버지
초승달은 도망가고 놀란 감은 떨어지고
오그라드는 수은주에
하얀 겨울이 매달린다

시련의 시간

봄을 사랑하다
발자국이 칼에 베었다
쓰라린 고통의 피가 바닥에 흥건하다
시련의 시간이다
수만 번 밟히고 걷어차여
그것마저 흔적 없이 지워지고
쥐 죽은 듯 조용해진 세상
초록 새살 돋는 소리
파릇파릇하다

문화재 관람료

사바 세계에서
불법 세계로 가는 길 위에 놓인
집채만 한 바윗들이
법당을 받쳐 주는
주춧돌이 되었습니다
불법으로 오르는 댓돌이
되었습니다
사랑을 언약하는
돌탑이 되었습니다
간절히 기도하는
돌부처가 되었습니다
조용하던 절간에
풍경소리 목탁소리 염불소리
끊이질 않습니다

아침에

달도 있고 별도
보이고
먼동이
유난히도 곱게
물든
오늘은 아주
특별한 날
아침인가
보다

경칩

태양이 녹고 구름이 녹고 산이 녹으면
허기진 골짜기에 둘이 흐른다
꽃피는 소리에 쟝이 울리고
바람은 수직으로 꺾여 땅속으로 들어간다
잠자던 바위가 놀라 꿈틀거리고
흙이 솟아오른다

산은 쉽다

산은 쉽다
미적분을 몰라도 된다
Mt를 몰라도 그냥 산이라고 하면 된다
산사에 쌀 한 되 시주할 만큼이면 충분하다
아픈 만큼만 걸어 주면 된다
계곡에서 능선을 따라 봉우리까지
맛이 있고 색깔이 있는 멋쟁이들이다
봄이 바쁘면 여름에 가고
여름이 더우면 가을에 가도 항상 그 마음이다
뒷동산 100대 명산 히말라야
껍데기 이름일 뿐이다

나무가 좋다

산에 살아서 좋다
푸른색이라서 좋다
성내지 않아서 좋다

나무라서 좋다

내년

어제가 그리운 시간은 과거로 흐르고
내년이 궁금한 우리는 미래로 달려간다
나무 끝에 매달린 잎새가
한 해를 지독히 살아가다 늙어가듯
태양이 되어 아침을 깨우고
비가 되어 초목을 가꾸고
밤이 되어 별과 달 수많은 가로등에 불을 밝히리라
히말라야 설산을 뛰어다니며
365개의 주옥같은 날들을 독하게
사랑하리라

산우물

영혼이 배고파
힘들고 고단할지면
산우물을 크게 소리쳐보자
보련산이 품어 주고
방죽물이 씻어 주는
아늑한 땅
물소리 새소리 그칠 날 없고
거친 북풍한설 푸근히
잦아드는 산우물
인성은 반듯했고
기골은 장대하였다

형제여
천지가 붉게 물들고
세상이 암흑 속에 길을 잃어도
우리에겐 만고불변의
기준 산우물이 있나이다
듬직한 보련산 기슭
생명수는 티 없이 맑게
솟아나고
평장골 도랑미로
뻗어 내린 전답은 넓고도
풍성하더이다

노동

노동은 축복
여가활동 수면활동의 원천
하고 싶은 것들을 할 수 있게 만드는 원동력
하루는 허기가 짓고
한 달은 노동의 대가
한 해는 노력의 결과
밤새 내린 흰 눈은
아침에도 희다

갈등

질이 서로 다른
두 구름이 부딪혀
비가 내린다
성질이 서로 같은
두 구름이 부딪쳐
비가 내린다
생각이 서로 다른
두 인격이 만나
천둥이 울린다
천둥이 울리고
비가 내려야 산이 살고
강이 흐른다
하늘은 높고 땅은 넓고
갈등은 시작도 없고
끝도 없다

가버린 당신

간다는 것은 남아 있다는 것
가슴속 머릿속 눈 속에서
살아 움직이고 있다는 것
꽃구경 가고 단풍놀이 가고
영원히 지워지지 않는
발자국을 남기며
백두산을 함께 오른다는 것

현이에게

외로워 할 줄 알아야 외롭지 않다
꽃을 보고 외로워 할 줄 아는 용기도 있어야 한다
사람 아닌 사람들을 붙들고 심심하지 않다면
이미 외로움을 품은 것이다
호수를 걷다 벤치에 앉는 것도
힘이 들어서가 아니라
그저 외로움에 익숙해진 모습일 뿐이다
늙어서 홀로 히말라야를 오르는 것도
외로움을 견뎌내기 위한 몸부림에 지나지 않는다
외로워 할 줄 아는 늙은 날들은 외롭지 않고
외로움이 있는 늙은 삶은 풍성하다

당신

바람으로
구름으로 따스한
햇살로
늘 당신 곁에
머무를 테니
고운 꽃으로
살아주오

부부가 살다 보면

하루이틀사흘...
도란도란 투닥투닥 살다 보면
오목조목 닮아간다
얼굴도 입맛도 보고 생각하는 것도
하나둘셋...
더 이상 닮을 곳이 없으면
마지막으로 나이가 닮아간다
늙어 꼬부라진 동갑으로

같은사람

너나나나너나나나
너나나나너나나나
너나나나너나나나
너나나나너나나나
너나나나같은사람

어둠

밤은 어둡다
알 수 없는 음흉한 사람 속만큼이나 어둡다
눈도 귀도 두 다리드 필요 없는 편안한 안식처이자
달과 수많은 별들이 살아가는 시간이다
어둠의 힘이 다하고 꿈도 깨어날 즈음이 되면
눈치 빠른 별들은 가 버리고
갈 길이 먼 달빛만 남아 서서히 멀어져 간다

독립

파랗게 텅 빈 하늘
산으로 들로 먹구름도 뿔뿔이 흩어졌다
사랑했던 만큼 뒷모습도 뜨거웠고
발등 위로 찬바람 지나면
나이가 꽉 찬 알밤이 독립을 위해 탯줄을 끊는다
후드득후드득
하늘에서 새 생명들이 쏟아진다

짝꿍

꽃반지 끼고 썰매 타고 산까치 따라다니며
산으로 들판으로 눈밭으로 밤낮없이 뛰었지
산토끼 방죽 물고기도 덩달아 뛰었고
좋아서 뛰고 배고파서 뛰고 살기 위해서 뛰었지
혼자 뛰고 둘이 뛰고 셋이 뛰고
소나기는 깜짝 이벤트 돌파의 대상
발가벗고 뛰어들었지
술래잡기는 밤이 준 선물
더듬더듬 어둠을 젖어 서로를 찾아야 했고
들키지 않기 위해 헛간에 숨어 있다 잠도 들고
수채 도랑에 빠져 가며 뛰어다닌 아련한 추억들
지칠 줄 모르는 힘의 원천
지금도 어디선가 뛰어다니고 있겠지
가족과 일을 끌어안고
시간 나이도 잊고

잡초

사형수같이 기약 없는 삶을 사는 생명이 있다
눈칫밥에 성장도 멈춘 듯 삐쩍 마른 몸매에
실낱같은 고개를 흔드는 모습은 산들바람도 힘겹다
알량한 욕심이 잡초라 뭉뚱그리고 뽑으려 나서다
잠시 생각을 멈춘다
한 생명이 사라지면 더 나은 세상이 올까
밤새 마음이 변하기를 고대하며
내일 다시 오기로 했다

울면바보

바보울보울보바보
바보울보울보바보
바보울보울보바보
바보울보울보바보
바보울보울면바보

건망증

할 일을 까맣게 잊은 구름이
애꿎은 먼 산머리 엉겨 붙는다
우산이 두 개
하나는 빗줄기를 막아 주고
하나는 가방에 들어 있다
하늘을 지키던 우산이 땅을 짚는다
커피를 들고 차에 올랐다
온기가 반쯤 남아 있는
커피 잔이 홀컵에 꽂혀 있다

경쟁

새콤해야 상하지 않는다
간간해야 제맛이 난다
매콤해야 깔보지 못한다
이기면 기쁨으로 견디고
진다면 슬픔으로 견디자
기쁨도 진 것이고 슬픔도
이긴 것이다

파마

잘 생긴 나무에
뽀글뽀글 꽃이 피었다
검은 장미 흰 장미
이쁘지 않은 꽃이 없다
나무가 꽃을 피으는 이유를
알았다

긍정

친구가 오면
우리가 되어서
좋고
나 홀로 걸으면
외로우니까
좋다

가을로 가는 길

가을로 가는 길은
엄마 잔소리 애절하고
아버지 굽은 등 서러워
눈시울 붉게 물드는
막내딸 친정 가는 길

라면

홍어를 넣어서 끓여 보라
홍게를 넣어서 끓여 보라
홍삼을 넣어서 끓여 보라
초원이 되고 바다가 된다
김치와 단무지의 붉고 노란 물결 시간과 공간의 멈춤
마주 앉은 사람의 조심 어린 미소
혀끝부터 미주알까지 열광의 도가니
천상의 세계가 있다

착한 밤

건강한 하루가 착한 밤을 선물했네
일도 돈도 걱정하지 말라고
어둠은 세상으로 나가는 길을 막았고
내 꿈을 꾸라고
별도 달도 보내 주었네

걸어야지요

해 저문 하늘에 별이 뜨면
설산을 넘던 바람도 잠시 눈을 붙인다
초록에 찬 빛이 들고 이슬은 서리가 되고
소나비가 함박눈이 되어 내린다
햇살도 바람도 꽁꽁 얼어붙어 손발이 시리는
그날까지
걸어야지요

Positive

온 세상을 깨끗이 씻어 내린 물이 수정같이 맑고
꽃은 아름다운 생각을 가지고 살아서 아름답다
좋은 옷보다는 어울리는 옷을 입고
고급 음식보다는 입에 맞는 음식을 먹으며
고차원적인 말보다는 정이 묻어 나오는 대화를 하고
화려한 외출보다는 힐링이 되는 여행을 떠나자
생명들에게 능력껏 살아보라고 세상이 넓다

한식

경운기 소리조차 사라지고
대형 트랙터 1톤 화물차만이 이따금 지나가는 농로
노란 개나리는 늘 한식을 기다려서 피었지
언제 보아도 꼭 할머니 같은 꽃도 변함이 없고
너른 전답에 표시된 영역이 꼬불꼬불 봄을 그리듯
잔디에 앉아 먼 옛날 생각하기 좋은 날

강물은 도도해서 파도가 없다

히말라야 일출

불이 켜진다 불이 켜진다
백옥같이 하얀 동산 위로
붉은 불이 활활 타오른다

저 높은 곳에
누가 올라 불을
밝히었나

저 추운 곳에
어떻게 올라 불을
피웠나

저 먼 곳에
언제 올라 붉은
불을 지폈나

아침을 끌고 올라오는 태양
하얗게 시린 눈을 뜨고
일어서는 빙벽은 붉디붉다

대보름 달빛

마음이 짓는 대로 보름달을 바라본다

바르게 살아온 사람은 밝은 달빛으로 보이고
술이 거나한 눈에는 갓 익은 달빛일 터이고
바쁜 이에게는 느릿느릿한 게으름뱅이일 뿐이고
태평한 한량들은 달빛 벗 삼아 밤새워 노닌다

달빛이 상냥하게 대답을 한다

바쁜 며느리 태평한 목장 젖소들
키 큰 해바라기 키 작은 논두렁 서리태
어린 풀잎들 나이 든 뒷동산 참나무 소나무들
동글동글한 오곡백과들 넓적넓적한 바윗덩어리들
모두모두 풍성한 한가위 되소서

마르디 히말

큼지막한 달 깨알 같은 별
구름은 깜짝 포인트
바위와 빙벽과 흰 눈은 천년지기
먼동에 붉은 아침은 삼천갑자
히말은 마르디를 낳고
마르디는 신을 부르고
나는 마르디 히말을 찾았다

홍매화

붉은 봄이여 붉은 봄이여

풍경 소리
독경 소리 요란한 절간에
목탁 소리

에둘러 핀 붉은 봄이시여

화암사에서

봄을 부르고 법을 부르고
겨울을 보내고 눈을 보내고
설악은 동해를 사랑하고
울산바위는 산이 있고
우리는 떼 지어 걸어가고

법성포

말의 가벼움 생각의 확장
벌떼같이 몰려오는 바람에
잠들지 못하는 낮달
고단한 다리는 비워지지 않는 허기
성난 마누라에 놀란 나무 솟구치는 하얀 목련
정지된 시간
잊고 싶은 내일

친구야
법성포에서 살자

신들의 산

신들의 안식처에서
하룻 밤
신들의 성지에서
이틀 밤
신들의 놀이터에서
사흘 밤
신들의 정원에서
나흘 밤
신들의 거처에서
닷새 밤
신들의 영역에서
엿새 밤
신들의 무대에서
이레 밤을
지새우고 맞은
여드렛날
아침

나도 모르는 사이 나도
신이 되어 있었다

장희나루

강물은 도도해서 파도가 없다
오가는 방향과 목적이 또렷한 유람선
짙푸른 하늘에 빠진 생각들
강물에 새겨진 발자국이 하얗게 멀어진다

팔다리가 짤막짤막하고
코끝이 빠지도록 허리가 꾸부정한 소나무는
눈썹도 듬성듬성
기암괴석 벼랑 끝에서 인고의 시간이 자라고 있다

히말라야

구름이 어떻게 왔는지
산꼭대기가 어디까지고
어디부터가 하늘인지
사람은 어디로 가도 있고
바람은 왜 왔다 가는지
히말라야는 묻지 않는다

황금들녘

노란색이 그립다면 가을 들판으로 가라

마음이 메말라가고
입맛이 사라지고 있다면
가을 벌판으로 가라
허전함을 달래줄 가을 색이 있고
허기를 채워줄 때꺼리가 가득하다
봄은 나무 끝으로 오고
가을은 노란 들녘에 있다
얼큰한 햇살이 내리고
구수한 바람이 불어오면
근사한 한 상이 뚝딱 차려진다
진수성찬이다

가을이고 싶으면 황금 들녘으로 가라

히말라야 아침

히말라야 아침은 참으로 바쁘다
먼동이 붉게 물들기 시작하면
하늘의 까마귀가 부지런히 아침을 실어 나른다
염소는 목청을 높여 아침을 맞이하고
설산도 구름을 벗고
햇살에 반짝반짝 단장을 한다
세상의 아침이 그러하듯이

까르마

정글이 지나가고
구름이 오고 우박이 내린다
다시 햇살이 돋고 하얀 설산이 보인다
숨도 모자라고 근육도 힘들어 한다
천년을 꼼짝도 않고 서서 살아온 나무가
등짝을 슬쩍 밀어준다
끝없는 오름이다
오르다 지쳐 오르는 이유를 잊어버렸다
차디찬 하얀 설산이 빙그레
미소 짓는다

까르마란다

Himalayas

높은 눈
가진 것 아는 것
하나 없이도 오를 수 있는
곳이다

높은 지위
그래도 최소한의 노력이
필요한 곳이다

높은 고도
내가 지금 서 있는 바로
이곳이다

On a point in the
Himalayas

동창회

성거산 자락 천흥지 계곡이
말도 못하게 푸르다
햇살과 바람이 닮고 싶을 만큼
맑고 푸르다
동창회 가는 길이라서 더
푸른가 보다
부지런히 달려오고 있을 친구들도
보고 싶다
다들 잘 있었나!
소주 한 잔하며 물어보고 답하고
그러다 취하면 아무 어깨에 기대어
흥얼거리다 잠들어도 되지 않은가
벗들이여!

장고항

보리굴비 그 길이가 한 뼘 반
날카로운 이빨 성난 눈
분을 삭이고 있는 듯한 얼굴
바다 속이라면 당장이라도 살아서 달려들 기세
얼른 두툼한 가슴 살점을 떼어 배를 채웠다
동업의 길을 가는 두 모녀
닮아도 너무 복스럽게 닮았다
어미는 오나가나 손끝이 마를 날이 없고
딸은 하품에 입이 찢어진다
누구의 지분이 더 많을까
편의점 카운터도 비어 있다
할아버지는 동업자도 없나 보다
100% 지분인가?
깨울까 갈까

아우내 장터

6월의 햇살과 긴 기다림
멈추지 않는 깃발들
살갗도 벌겋게 구워진다
이게 웬일이니
100년전 함성 소리와 닮은 꼴
분출하는 욕망에는 시차가 없고
사람들을 끌어모으는 힘
어떻게 흘렀는가
아우내 굽이치는 물살에
비밀이 있을까

동문 체육대회

오월 초록은 땅에서 나풀나풀
하늘에선 온 세계가 들썩들썩
달리고 넘어지고 걸어도 흥
친구는 덤
선후배가 저렇게도 반가울 수가
어깨가 으스러져라 쿠둥켜안고
언니 형 동생
오랜만이다 몇 년 만이니 어쩜 그대로니
어디에 사니 뭐 하고 지내니
주고받는 말의 형태는 정·정·정
술잔은 비어 가고
하나 둘... 떨어지는 칫방울에
씻겨 내리는 미련들
다시 찾아온 초록 잔디의 시간

천불동

천불동 내려서는 가을이 젊다
계곡은 장난기 드글드글한 물 차지
뛰고 구르고 미끄러지고
꿋꿋하게 살아남은 별과 달이
파도에 휩쓸려 사라지면 사람들의 시간
오색과 오감의 강렬한 만남과 이별
우주의 시간으로 1억년

공룡능선의 안개

공룡과 안개가 어우러져 운무를 펼친다
13시 7분 막은 내든 지그 하나 둘
그 다음은 셋이라 했던가
서운한 발자국이 큰강굴로 향한다
한배 두배 세바...
안개가 걷히고 공룡이 나타났다
연이고 업이고 법이다

그리되기를

아름다운
날들이었어

사월에
큰 흉이 되지는
않았는지

흔적 없이
지나가는 산들
바람같이

오월의
햇살도 새처럼
자유롭겠지

그리되기를

가을 제국

가을 제국을 건설하기 위한
몸부림이 시작되었다
말복 입추를 지나 추분으로 이어지는
가을 군번들의 거침없는 행진을 누가 막으랴
초록 벌판에 죽음의 행진곡이 울려 퍼지고
기세등등하게 진군하는 대군 앞에는
이렇다 할 적도 없다 허들도 없다
남으로 남으로 향하는 가을 제국의 총칼 앞에는
붉은 핏빛 물이 유혈이 낭자하게
흥건할 뿐이다

허나 이 또한
콩 볶듯 쏟아대는 눈보라의 기습 공격에
은둔의 왕국 무스탕처럼 잠시 잊혀지리라

초승달

아침에 자른 발톱이 하늘로 갔다
아직도 맑은 피가 돈다
부스러기 같이도 보인다
발톱이 하늘에서 동그랗게 자라면
손톱이 잘려 나간다
손톱은 부드러워 바람에 이그러진다
부스러기도 없다
호수에 떨어진 손톱이 노랗게 씻는다
발톱이 자라는 데는 호수가 필요하다
물고기도 호수에 산다
고라니가 붕어를 찾아 풀섶을 뒤진다
불빛이 고라니 등에 올라 커피를 내린다

꽃봄

사월에 피는
꽃봄에서

우리는 서로
다정했지

가슴에 핀 꽃을
자랑질하며

사월에 피는
꽃봄으로

살았지

여명

뒤끝이 긴 노을은 결국 어둠으로 떨어지고
생각이 건실한 여명이 새로운 아침을 만든다
하늘과 바다를 파랗게 색칠하자
고비사막에 나무를 심는 마음으로 살아가자
미련하고 모자란 것은
타고난 숙명이 아니라 고쳐 살아갈 능력이다
달빛 아래 여명이 붉어 온다

산사의 밤

어둠에 갇힌
산사에 번뇌가
찾아온다

반짝이는 별만큼
헤아릴 수 없이 많은 번뇌
덩어리들

털어내고 싶어
밤새 두드리는 목탁
소리에

새벽 찬 이슬이
맺힌다

산은

땀방울이 흐르는 산은 춥지 아니합니다
그늘이 있는 산은 뜨겁지 아니합니다
산을 좋아하는 사람은 화를 내지 아니합니다
음악이 있는 산은 외롭지 아니합니다
언덕이 있는 산은 지루하지 아니합니다
발자국 수만큼 내 안에 힘이 차곡차곡 쌓이고
항상 내 마음의 반쪽이 쉬고 있는 산은
산에 있습니다

꽃 산행

그리운 뭔가를
몹시도 갈망하던
봄날을

넉넉히 채워준
아주아주 아주 찰진
산행이었어

오랜만에
꽃산에서 진땀도
빼보고

꽃밭에서
설레임도 느껴본
하루였지

다시 한 번
불러보고 싶은 그리운
꽃산이여

가을에 물들면 다 단풍이지

벚나무 이파리 여남은 개가 물들었다
어! 저 놈 좀 봐라
병든 낙엽이라 박박 우겨대지만
어떡하랴
가을에 물들면 다 가을인 것을
보름달도 빼꼼히 얼굴을 내미는데
노랗게 물든 것이 달도 가을이구나
그럼 별도 가을이고
바람도 가을이라 나설 터이고
다툴 것이 무엇이 있는가
내일 아침 뜨는 햇살도 가을이려니

독도

홀로 서 있기
심심해

파도와 다투며
산다네

비바람도 한 줌
햇살도

아주 성깔 있는
벗들이고

참 내일은 새들도
온다는데

고맙지요

항구

파도가 때린다고 울지 않았고
바람이 불어온다고 숨지도 않았다
모진 비바람 집어삼킨 바다가 힘들어 울부짖을 때
벌거벗은 어머니가 되어 주었다
뱃고동 소리에 놀란 겨울은 오간 데 없고
통통배에 봄이 하나둘 실려 들어왔다
바람에 지친 파도가 쉬어 가고
비릿한 삶이 리어카에 실려 흩어진다

성산

성산에 두더쥐가 산다네
떡두꺼비 딱따구리도 살아간다네
아름드리 참나구가 숲을 만들어
배고픈 풍뎅이 사슴벌레를 불러 모으고
진달래 벚꽃 아카시아 홍단풍 눈꽃이
차곡차곡 피어난다네
사람들도 알뜰살뜰 제 몫을 챙겨 나가고
온 생명을 보듬어 안고 입맞춤을 해주는
성산이 살아간다네

초록 단풍

가을이 반란을 일으켰다
단풍이 초록이다
여름에 있어야 할 초록이
가을 한복판까지 따라와 가을을 꾸미고 있다
놀란 하늘이 초록 낙엽을 덮으려 부리나케 뿌려 댄
흰 눈도 변죽만 울리고 발길을 돌린다
풍경화가 추상화가 되어 버린 가을이
병이 들었다

봄 친구들

어젠
노란 산수유가
오시더니

오늘은
하얀 목련이
피었구려

어서들 오셔
봄들이여

내일은
연분홍 진달래가
온답디다

동네 까페

밤 9시 텅 빈 홀
뒷정리에 바쁜 불빛이 창밖으로 새어 나왔다
오늘은 몇 잔이나 나렸을까?
들어갈까? 말까?
망설임은 그리 오라 가지 않았다
마감 시간이라서 많이 시끄러우시죠
아니요 괜찮습니다
제가 가는귀가 먹어서 시끄러운 소리를 못 들어요
그런데 사장님
음식 맛은 만드는 사람 인품이라는 말
혹시 들어보셨나요
아니요 처음 들어보는 말인데요
아 예
그냥 잊어버리세요
고맙습니다 잘 쉬었다 갑니다

산사의 봄

온 몸이
소스라치는 봄을
느끼고

깊은 잠에서
깨어보니

법당 뜰 아래
밤새 붉은
꽃 피어

봄이라
하더이다

토왕성 폭포

구름을 간질이면 비가 내린다
깔깔거리는 만큼 떨어진다
어제는 구름을 발가벗겨 간지럽혔나 보다
토왕성이 철철 넘쳐 내렸다
먼 파도 소리에 귀가 먹고
산은 구름에 갇힌 소경이 되었다
사람도 앉은뱅이가 되어 떠날 줄 모르는 신기루였다

공룡 능선

밤새워 설악의 가을을 지킨 별들에게
이제 올라가도 되냐고 물어보고 가야지
어둠에 숨겨 놓은 설악이 빨갛게 눈을 뜨고
아침을 깨울 때
기꺼이 보내준 내가 고마워
진이 다 빠진 두 발이 붉은 단풍 물이 들 때까지
가을을 걷다가
새벽 여명에 지워진 별들이 하나둘 살아 돌아온
별들에게
이제 돌아가도 되냐고 물어보고 가야지

가을의 삼원색

하늘이 텅 비어 있다
산으로 들로 먹구름도 떠났다
발가벗은 하늘은 파랑
살갗에서 뼈까지 온통 파랑이다
파랑은 파장이 짧아서 시리게 온다
은행잎 싸리잎은 노랑
벚나무 감나무는 갈색으로
초록에 삼원색이 내린다

꽃잎

깨어났구나
꽃잎이여

피려거든
수줍어 말고

지기 전에
봄을 깨워
주오

칠월칠석

칠석날 밤이면 꼭 내린다는 비를 맞으러 나왔다
내딛는 발걸음에 호수에 잔물결이 인다
바람에 흔들리는 빗방울에 불빛이 젖는다
벤치에 앉아 같이 젖어 본다
촉촉하게 젖어 오는 느낌이 좋다
텅 빈 자전거 보관소에 들러
두발자전거가 되어 어제를 본다
발자국에 고인 빗물에 내가 앉아 있다

서울 투어

63빌딩을 살까 말까
부질없는 고민에 허기진 마음
노량진 찰진 참 홍어는 값이 싸서 맛났다
녹슨 스패너를 생각나게 하는 청계천 다리
그 끝에서 기다리는 신당동 떡볶이 거리
남산타워에 오르면 서울에 불이 일제히 켜졌지
달도 별도 지인의 헤드라이트도
인류 문명은 에너지의 변환
진심으로 살아가는 불빛을 보았다

여왕

여왕은
푸르렀다

까만 밤조차
푸르렀다

파릇파릇 반짝이는
별빛을

홀로 헤아리는
외로움에도

여왕은
푸르렀다

홍도 가는 길

차곡차곡 달라붙는다
홍도로 뻗은 길은 신나게 달렸다
목포는 통째로 올라탔다
유달산 갓바위 홍어 서해 너른 바다가 들어왔다
바다는 무너지지 않는 돌탑
천사가 살고 맨드라미가 자란다
뱃고동을 보내고 조심조심
파도가 막아섰다
힘겨운 싸움 엄한 놈이 자빠졌고
여기저기 새우등이 터져 나왔다
포유류의 한계
불현듯 양서류가 부러워졌다

꽃누리

파도 틈에서 나오는
비린내 따라온 갈매기·사람들
털달개비 꽃을 닮은 공방까페
자그마한 포구를 꾸미고 있는 소재들
공예품 한 땀 한 땀 뜰 때
퍼덕이는 비늘 소리가 벽에 걸리면
천장에 털달개비 연분홍 미소로 바라본다
비라도 내리는 날이면
파도 소리 비를 피해 뛰어든다
발걸음이 젖어 있다
꽃병에 진달래가 들려 나갔다
포구에 꽃비가 내린다

如之何

오월의 아침
햇살에

붉게 떠오르는
그대들이여

보고프구나
바람은 불고 배는
떠나네

이 봄이
지기 전에 가야만
하는데

산의 삶

체력은 국력 산은 서력
기대고 싶은 든든한 벽에
폭포가 부적같이 서 있다
초록도 쉬엄쉬엄 산을 오르고
고목은 장터 여름내 문전성시
산마루에서 찬이슬이 굴러 내려온다
눈사람만큼 자라야 겨울 구실을 하지

금요일

무더위와 주말과 휴가
찰지게 엉겨 붙은 단어들
주어진 시간은 일주일
급격히 녹아내리는 긴장감
어디에 가든 어디에 있든
내 시간 내 공간

화단

어제 저녁
뜨거운 불덩이를 안고
눈물 짓던 여름이
밤새 울었나
흠뻑 젖은 아침이
상큼하고 아련하다
데이지는 빈자리를 남기고 떠났고
맨드라미가 아침을 즐긴다
어떻게 가을을 꾸밀까
국화를 심자
국화에는 가을이 있다
아버지가 있고 고추잠자리가 있다
예순살 손끝이 설레인다

틈새

모양도 모습도 다른 두 물체가
감쪽같이 하나로 살고 있다
좋아서일까 서로 필요해서일까
모두들 보기 좋다 칭찬 일색이다
바람도 추위도 더위조차 떼어 놓지 못하지만
이따금은 틈새를 두고
사는 것이 나쁘지만은 않다는 것을
그들 스스로 알아 간다
놓아줄 듯 풀어질 듯
한번 벌어지기 시작한 틈새는
멈추지 않고 마침내 틈새조차 사라진다
더 완벽해진 하나의 탄생이다